PROMETIERON MORIR

Antonio Marín Albalate

Núria Marín Trillo

Antonio Marín Albalate

Núria Marín Trillo

Prometieron morir

poesíaTatoo

www.edicionesvitruvio.com

Primera edición, 2025

© Ediciones Vitruvio
C/ Menorca, nº 44
28009
Madrid
Teléfono: 91 573 21 86

ISBN: 978-84-129785-1-3
ediciones vitruvio, nº 1. 710

Prometieron morir

¡No saben
que prometí morir!
Mantengo la práctica.
Me limito a estar en forma.
Las pastillas son como una madre, pero mejor,
tienen todos los colores y son tan buenas como caramelos.
Estoy a dieta de muerta.

Anne Sexton

Palabras Previas

Virginia Woolf lo dijo: «La vida es sueño; el despertar es lo que nos mata». Eso debieron pensar las diecisiete poetas aquí reunidas que, tan cansadas de la enfermedad de vivir, decidieron irse sin pedir permiso. Así lo prometieron, de una manera u otra, tal como anunciara la fascinante Anne Sexton, al inicio de la cita que antecede a estas palabras.

Ilustrado, en su *Galería de sombras*, por la artista plástica Núria Marín, este opúsculo se abre y se cierra con sendas citas de Sylvia Plath a la que Sexton, tras suicidarse con treinta años (Anne lo haría con cuarenta y cinco), así le hablara en un poema: «Oh Sylvia, Sylvia, / con una caja muerta de cucharas y piedras, / con dos hijos, dos estrellas fugaces / errantes en el pequeño cuarto de juegos, / [...] bajaste arrastrándote sola / al interior de la muerte que yo deseé tanto y durante tanto tiempo...».

Karoline Von Günderrode (1780—1806), Sara Teasdale (1884—1933), Alfonsina Storni (1892—1938), Marina Tsvietáieva (1892—1941), Teresa Wilms Montt (1892—1941), Florbela Espanca (1894—1930), Antonieta Rivas Mercado (1900—1931), Antonia Pozzi (1912-1938), Violeta Parra (1917—1967), Assia Wevill (1927—1969), Anne Sexton (1928—1974), Sylvia Plath (1932—1963), Alejandra Pizarnik (1936—1972), Verónica Forrest-Thomson

11

(1947—1975), Ana Cristina Cesar (1952—1983), Delfina Tiscornia (1966—1996) y Nika Turbiná (1974—2002), dispuestas aquí según el año de su venida al mundo, fueron la oscura voz de una trágica lírica, al cabo desolado poema, que terminaría precipitándolas al abismo del silencio ese donde —como dijera Trakl— «el espacio se vuelve tumba».

Para conocimiento de la triste prosa de tanta atormentada existencia, se anexionan sus correspondientes *(des)enlaces bio trágicos*.

Antonio Marín Albalate
(Cartagena, febrero 2024)

Un dios ha debido apresarme por la raíz de mis cabellos
Sylvia Plath

Un desamor llamado Georg Friedrich

Tú, rojo fuerte,
hasta la muerte
se te parecerá mi amor,
no palidecerá el color,
hasta la muerte,
tú carmín fuerte,
se te parecerá mi amor.
Karoline Von Günderrode

A orillas del Rhin con la feroz fuerza
de un súbito impulso, sobre tu pecho
descargó su furia el estilete.

                             Fue

en nombre de un desamor:
llamado Georg Friedrich.[1]

Victoriosa la plata de su puño
brilló en tu mano segundos antes
de tirar la toalla dejándote caer
—mujer rota— a ese fondo
donde habitan los peces sin memoria
del olvido que viene a ser la nada.

Al amanecer del día siguiente
tu cuerpo ya desolado paisaje,
flotaba a la deriva río arriba.

---

[1] Georg Friedrich Creuzer y Karoline fueron amantes. El 26 de julio de 1806 Creuzer se reconcilió con su esposa e hizo anunciar a Karoline, no personalmente, sino teniendo por intermediario al pastor Daub, la ruptura de su relación.

Cuando muere la magia

Ya no existe la magia,
Nos conocimos como otras personas,
Tus ojos ya no obran milagros,
Tampoco mis besos en tus manos.

Sara Teasdale

Días de desengaño y desgracia,
desdicha —delirio y desolación—
de diadema de tormento en tu pelo.
Decoro mudo de tristeza tanta,
en vano cantándole al silencio atroz
de tu bella melancólica mirada.

Sin emoción ninguna, cautiva
y desa(r)mada en la batalla
de la vida, acaso
pensaste la victoria
de hacer de ti una bella derrota.

Entre brumas y veras, emergía
el deseo de no estar.

Oferente frente a ti,
y muerta ya la magia,
un frasco de somníferos te brindó
al fin la más suave de las salidas.

Mar de Plata

El mar y su azote, un latigazo
de agua en tu pecho, el dolor nublándote
de pronto y la bestia durmiente del cáncer
despertándose de su sueño en tu seno,
para darte cuenta de que nada ya
—contracorriente— volvería a ser
lo mismo tras el crepúsculo anunciado.

Fue un día de octubre.
Tú en lo más alto del rompeolas aquel.
Y la erizada voz del Mar de Plata
llamándote a su fondo.

Un impulso. Eso fue todo. Y también
—«por caminos de algas y de coral»—
la melancolía de una inmortal zamba.

Marina en Yelábuga

Y ahora, para mí, eres ardiente huésped.
Les negarás la gracia a todas las amantes
para amar a la que hoy es sólo huesos.

Marina Tsvietáieva

No daba para más el bigote aquel
del infame Stalin
al marcar tu obra con el estigma
del silencio por haber nacido tú
niña de familia bien.

Casada y madre en la flor de tu mejor
edad, sin importarte el sexo, amaste
y fuiste amada y más de una vez
te rompieron el alma.
También los bolcheviques.

Y llegó el exilio.

Berlín, Praga o París,
para tus aventuras y desdichas.

Huyendo de ti misma
en aquella habitación
—Yelábuga como final de viaje—

y toda con cuerda tú,
te lanzarías al baile del aire
hasta el último aliento.

Final de viaje con veronal

Hay en mi alma un pozo muerto, donde no se refleja el sol, y del que huyen los pájaros con terrores de virgen ante un misterio de cadáveres.

Teresa Wilms Montt

Tan jovencísima, amante del amor.
Tan a contracorriente...

Por la osadía de seguir siendo tú
por encima de tus amadas hijas,
te internaron —y era insufrible—
en un convento del que
Altazor[2] te ayudaría a escapar.

Errante por ciudades,
países y personas,
debatiéndote entre tu pluma y tu sexo,
tu belleza estuvo siempre marcada
por un pesado exilio
de muy amarga raíz.

---

[2] Alusión a Vicente Huidobro mediante el conocido título de su popular obra.

Con París como capital del dolor
encerrada en un cuarto,
te sacó de este mundo
                    el veronal
para que un siglo después mire yo
tu fascinante imagen
mientras pienso tus veintiocho años
de entonces, loca mía,
como un beso en mi boca
de necrófilo animal delirante.

Fiesta de cumpleaños

> *Y si he de ser ceniza, polvo, nada,*
> *sea la noche mía un alba en llamas*
> *que me sepa perder... para encontrarme.*
> Florbela Espanca

Cuarto de noche cerrada con llave.

Flores de todos los tonos dispuestas
a beberse el aire que no querías
para ti.
       Tú, decúbito supino
lista para tu viaje sin retorno.

Por billete dos frascos de veronal.

Velas que ya se apagan
entre lánguidas nieblas
de barbitúrica danza.

Al fin un alba en llamas
para la certeza de la ceniza
del poema que nunca dejaste de ser.

Un 38 en Notre Dame

He decidido acabar. Ya está en mi poder la
pistola que saqué de entre los libros de
Vasconcelos. [...] Ya tengo apartado el sitio,
en una banca que mira al altar del
Crucificado, en Notre Dame. Me sentaré
para tener la fuerza de disparar. Pero antes
será preciso que disimule. Voy a bañarme
porque ya empieza a clarear.

Antonieta Rivas Mercado

Bien meditada tu muerte,
              vestida
con la elegancia de la seda negra,
cogiste el camino de Notre Dame
como destino último de tu viaje
de nómada por la tierra.

Sucedió poco antes del mediodía.
Fue con el treinta y ocho de tu amante
frente al Crucificado que
quien —tras oír el tiro de desgracia—
misericordioso bajó de la Cruz
para beber de tu corazón el cáliz
de su preciosa sangre.

Los nombres del crisantemo[3]

Alguien llorará quien sabe dónde
quien sabe dónde alguien buscará
el crisantemo para mí en el mundo
cuando deba marcharme sin retorno.
[...]
Cae la última luz
sobre la cabellera de los tilos;
en el cielo los dedos de los álamos
se anillan de estrellas.

Antonia Pozzi

Antonio Maria Cervi, trágico
amor adolescente. Y las montañas.
Y cartas. Muchas cartas.

Con nieve en la palabra, la belleza.
Y Remo Cantoni, azul de otro amor.
Y cartas. Muchas cartas.

Y Dino Formaggio. Y volver a empezar
igual que si tuvieras diecisiete.
Y aquellas bicicletas.

Y los negativos de tantas fotos
disparadas. Tus alucinaciones.
Y los barbitúricos.

---

[3] Poema basado en la lectura del libro *La Antonia* de Paolo Cognetti (Pepitas ed. 2023)

Y en un prado de Chiaravalle, mientras
aguardas el final, escribir notas.
Y todo tan frío ya.

Bala Violeta la cabra del horizonte

Volver a los diecisiete
después de vivir un siglo
[...]
Volver a ser de repente
tan frágil como un segundo
                                    Violeta Parra

Sin otra enfermedad que la tristeza,
como Neruda dijo,
sentada sobre el color de tu nombre
devino la tarde contigo envuelta
con la blanca oscuridad del revólver
pensado para tu sien.

Bala Violeta la cabra del horizonte.
Voz del animal oscuro
que te habitaba, pólvora y silencio.

Eso fue casi todo.

Ya para siempre, tras vivir un siglo,
(las décimas de la canción, su fiebre),
tus años en diecisiete.

Whisky, pastillas y gas

Ver de nuevo y nunca más
el estanque negro del norte,
[...]
Sin ojos que lo lloren,
vacío de primavera,
acabado.

Assia Wevill

Muchos fueron los hombres
que cayeron rendidos
ante lo salvaje de tu belleza.
—«Voy a seducir a Ted»,
dicen que dijiste un día al verlo.

De su mano te llevó
a la costa de Benidorm para que
—sin que lo notaras tú—
la sombra de Sylvia se apoderase
todavía más de ti.
                    Ted
que dejó plantada a Plath
porque estar contigo era muy loco
para el empedernido mujeriego
y laureado poeta.
Seductora seducida, al fin un día
entendiste lo brutal
de la flor de tu infierno,

ya tan inmarchitable,
en aquel Londres nublado y frío.

Tras un cóctel de whisky y pastillas,
abrir la llave del gas
—también en esto la sombra de Sylvia—,
fue tu consuelo mejor.

Tal vez por miedo a su futura orfandad,
acogiste con mucho amor a tu hija
en el viaje.
                    Fuiste una buena madre.

Un vodka en el garaje

Balanceándose allí, a veces se encuentran los suicidas,
Rabiosos ante el fruto, una luna inflada,
Dejando el pan que confundieron con un beso
Dejando la página del libro abierto descuidadamente
Algo sin decir, el teléfono descolgado
Y el amor, cualquiera que haya sido, una infección.

Anne Sexton

Desolación y melancolía
en tus ojos sumergidos y llenos
de luna bajo oceánicas mareas.

La extensión de tu angustia era
un lago negro imposible de medir.

Decidiste salir de ti un viernes
en el garaje aquel de tu *murienda*.

Tras servirte un buen vaso de vodka,
entraste en tu Cougar rojo para oír
—perdiéndote con él—
el rugido último de su motor.

Dulce viaje el tuyo amada Sexton.

Once de febrero

Siempre hay más de una manera buena de ahogarse.
Sylvia Plath

Oscura estrella de muy cegadora
belleza eras, incendiándolo todo
—infierno y firmamento—
con tu brillante paso.

Así diste luz a Benidorm el día
que pisaste sus calles
en luna de hiel con Ted
pálida y poseída.

Algunas lunas después,
muy desengañada, lo dejarías
junto a su amante Assia.

Ya muy rota y con tus hijos enfermos
fuiste a refugiarte en el frío piso
que años atrás habitara Yeats.

Tus dedos ateridos escribieron
con furia sus postreros poemas.

Y llegó la hora del gas,
la despedida de tus pequeños
—madre misericordia—,

poniéndolos a salvo,
minutos antes de abandonar
la nube sombría de tu cabeza
en el claustro del horno.

Lunes 25 de septiembre

Mañana
me vestirán con cenizas al alba,
me llenarán la boca de flores.
Aprenderé a dormir
en la memoria de un muro,
en la respiración de un animal que sueña.

Alejandra Pizarnik

¿Qué terrible lucidez te inundó
al extraer la piedra de la locura
y sentirla temblar entre tus manos?

¿Qué infierno musical, qué condesa
asesina de muchachas te llevó
de la mano a su sangrienta morada
de góticas sombras para escribirlo?

Gloria a ti, Alejandra,
por hacer de aquel día de septiembre,
un san lunes[4] definitivo, lejos
ya de la clausura del frenopático
y junto al Seconal tu amante último.

---

[4]Hacer san lunes: Alargar el descanso del fin de semana y no ir a trabajar el lunes. Verbigracia: "Hizo un san lunes y no fue a la escuela".

Recreación de un sueño

Bebe cuanto puedas y ama cuanto puedas
Y trabaja cuanto puedas
Que nada de esto podrás hacer cuando estés muerto.
                                    Verónica Forrest-Thomson

Es mil novecientos setenta y cinco.
«Españoles: Franco ha muerto». Tú también.
Y sueño que vivo y bebo contigo
la locura de estar con una mujer
ocho años mayor que yo.
Eso me pone mucho.

Nos hemos emborrachado y me pides
que te lleve a la cama.
Confieso que te amo, pero tu amor
va por otro lado.
                    Sedienta, besas
junto a la almohada la boca oferente
del frasco de pastillas
que te tomas de un trago
en espera de la laxitud final.

Me despierto. El Régimen sigue vivo.
Pero tú no. Pienso en ti,
en tu escritura que tengo que leer.

Cuarenta y ocho años después,
dejo en la tumba del poema el beso
imposible que nunca pensé darte.

Depresión o libertad

En mi corazón llovía.
Ana Cristina Cesar

Día de primavera en Copacabana.

El animal del llanto contenido.
Tu alma de lluvia negra.

Melancolía extrema.

Siempre esa sierpe de sombra pertinaz
tras tu mirada triste,
tan alta en aquella séptima planta.

No era posible seguir.
No así otra vez más.

Una ventana abierta
fue la más airosa de las salidas.

Los atónitos ojos de la calle
resonaron durante unos segundos
a samba y a libertad

No la araña sino tú

> *Hoy descubrí una araña transparente*
> *en el techo del cuarto;*
> *mañana quizás*
> *salte por la ventana.*
>
> Delfina Tiscornia

No la araña, no,
           ni por la ventana.

Fue al descubrir la azotea
tu salto al otro lado.

Lolita

La lluvia, la noche, la ventana rota.
Los trozos de cristal se atoraron en el aire,
como las hojas que no alcanzó el viento.
De repente el estrépito.
Exactamente así
es como se desprende la vida humana.[5]
                                          Nika Turbiná

Asomado al abismo de tus ojos,
imán de poeta impúber
intuyo —y mío también— todo
el temblor del universo en tus manos
al escribir aquel adulto poema
con tan sólo nueve años,
inviolable Lolita.

Me cuelgo mucho de ti
ante tu fotografía.
Cierro los ojos y sueño que rozo
tu piel de melancólica muchacha.

Te veo en el alféizar de una ventana
sentada y pensativa.

---

[5]Escrito en 1983 a la edad de 9 años.

En tan sólo un instante,
siento venir tus piernas.

Grito inútil en la calle. Ya es tarde.
Y es mayo con desmayo
por el desprendimiento de tu vida.

Veinte años después Rusia invade Ucrania.
La muerte continúa. Nuevos nazis
nacen y tú, Turbiná, turbándome
cada vez que conmigo
se cruza el blanco y negro de tu imagen.

Galería de sombras

Karoline Von Günderrode

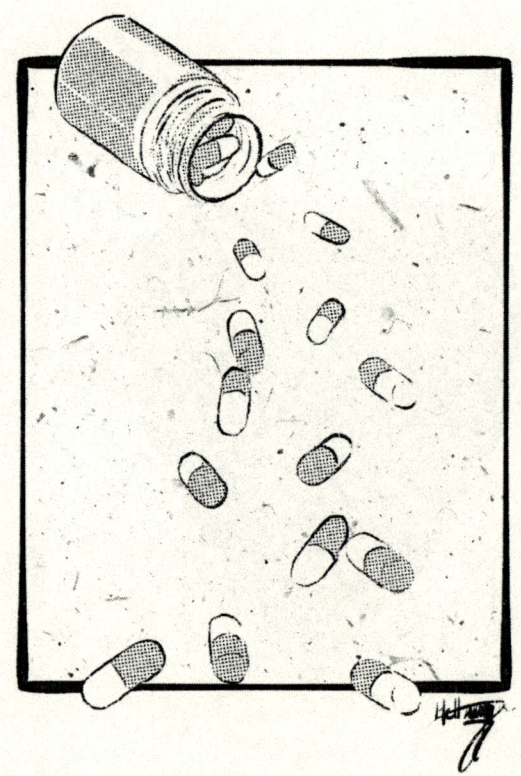

Sara Teasdale

Alfonsina Storni

Marina Tsvietáieva

Teresa Wilms Montt

Florbela Espanca

Antonieta Rivas Mercado

Antonia Pocci

Violeta Parra

Assia Wevill

Anne Sexton

Sylvia Plath

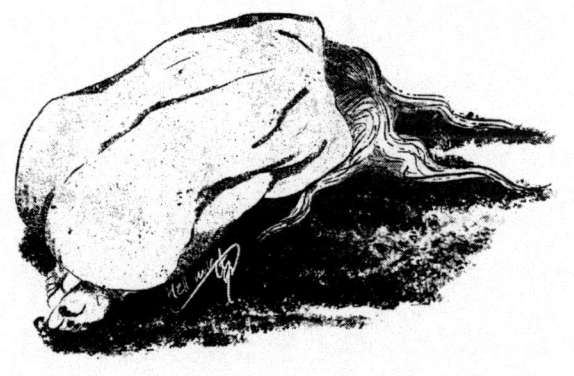

Alejandra Pizarnik

Verónica Forrest-Thomson

Ana Cristina Cesar

Delfina Tiscornia

Nika Turbiná

Venga, bajemos ya el telón de esta obra
Sylvia Plath

(Des)enlaces bio trágicos

Karoline Von Günderrode
https://es.wikipedia.org/wiki/Karoline_von_G%C3%B
Cnderrode

Sara Teasdale
https://es.wikipedia.org/wiki/Sara_Teasdale

Alfonsina Storni
https://es.wikipedia.org/wiki/Alfonsina_Storni

Marina Tsvietáieva
https://es.wikipedia.org/wiki/Marina_Tsvet%C3%A1y
eva

Teresa Wilms Montt
https://es.wikipedia.org/wiki/Teresa_Wilms_Montt

Florbela Espanca
https://es.wikipedia.org/wiki/Florbela_Espanca

Antonieta Rivas Mercado
https://es.wikipedia.org/wiki/Antonieta_Rivas_Merca
do

Antonia Pozzi
https://es.wikipedia.org/wiki/Antonia_Pozzi

Violeta Parra
https://es.wikipedia.org/wiki/Violeta_Parra

Assia Wevill
https://es.wikipedia.org/wiki/Assia_Wevill

Anne Sexton
https://es.wikipedia.org/wiki/Anne_Sexton

Sylvia Plath
https://es.wikipedia.org/wiki/Sylvia_Plath

Alejandra Pizarnik
https://es.wikipedia.org/wiki/Alejandra_Pizarnik

Verónica Forrest-Thomson
https://en.wikipedia.org/wiki/Veronica_Forrest-Thomson

Ana Cristina Cesar
https://es.wikipedia.org/wiki/Ana_Cristina_Cesar

Delfina Tiscornia
https://www.epdlp.com/escritor.php?id=19089

Nika Turbiná
https://es.wikipedia.org/wiki/Nika_Turbin%C3%A1

ÍNDICE

Ediciones Vitruvio

Últimos libros publicados:

Las flores del mal, de
Charles Baudelaire

El mar mientras duerme, de
Santiago Gómez Valverde

En mi cuaderno de viaje, de
Carmen Maga

Madame Podeva, de Natalia
Ruiz-Poveda

Declaración jurada, de
Manuel E. Castillo

El hombre que alimentaba
su alma, de Sergio Macías

Siempre Domingo, de
Pascual García

A la tarde, de María Paz
Otero

Escribir Silencio, de José A.
Alfonso

La ingravidez que somos, de
Antonio Ríos

Ciento cincuenta voltios, de
David Alberti

La ilusión del indulto, de
David Minayo

Que nada se olvide, de
Álvaro Fierro Clavero

El vigor, de Leonardo David
Segado

Ayer es mañana, de José
Elgarresta

Balcones azules, de varios
autores

Y ahora sorpréndeme, José
Ramón Silva

Música Rusa, de William
Jonhsnton

Playa sin mar, de Eduardo
Crespo

El lenguaje del número, de
Juan Pedro Carrasco